¡Sé las reglas!

¡SIGO INSTRUCCIONES!

Por Bray Jacobson

Gareth Stevens Publishing

Please visit our website, www.garethstevens.com. For a free color catalog of all our high-quality books, call toll free 1-800-542-2595 or fax 1-877-542-2596.

Library of Congress Cataloging-in-Publication Data

Names: Jacobson, Bray, author.
Title: ¡Sigo instrucciones! / Bray Jacobson.
Description: Buffalo, New York : Gareth Stevens Publishing, [2024] | Series: ¡Sé las reglas! | Includes index.
Identifiers: LCCN 2022051524 (print) | LCCN 2022051525 (ebook) | ISBN 9781538290798 (library binding) | ISBN 9781538290781 (paperback) | ISBN 9781538290804 (ebook)
Subjects: LCSH: Cooperativeness–Juvenile literature.
Classification: LCC BJ1533.C74 J33 2024 (print) | LCC BJ1533.C74 (ebook) | DDC 128/.4–dc23/eng/20230104
LC record available at https://lccn.loc.gov/2022051524
LC ebook record available at https://lccn.loc.gov/2022051525

Published in 2024 by
Gareth Stevens Publishing
2544 Clinton Street
Buffalo, NY 14224

Designer: Claire Wrazin
Editor: Kristen Nelson
Translator: Michelle Richau

Photo credits: Cover, p. 1 R7 Photo/Shutterstock.com; p. 5 Drazen Zigic/Shutterstock.com; p. 7 BearFotos/Shutterstock.com; p. 9 Rawpixel.com/Shutterstock.com; pp. 11, 13 Maria Evseyeva/Shutterstock.com; p. 15 Ground Picture/Shutterstock.com; p. 17 candysoul/Shutterstock.com; p. 19 Monkey Business Images/Shutterstock.com; pp. 21, 23 Lopolo/Shutterstock.com; p. 24 (left) jan kranendonk/Shutterstock.com; p. 24 (right) Sergey Novikov/Shutterstock.com;

Printed in the United States of America

CPSIA compliance information: Batch #CSGS24: For further information contact Gareth Stevens, at 1-800-542-2595.

Contenido

Sigo instrucciones en
la escuela.
Esto mantiene la calma
en nuestra aula.

Señora Kent nos pide estar silenciosos. Margery deja de hablar. Ella puede oír la maestra.

Señor Peabody nos dice
a formar una fila.
Caminamos en una fila.
Llegamos a la clase de
arte rápidamente.

Sigo las instrucciones en mi casa. Me pide limpiar mi cuarto.

¡Lo hago!
Puedo encontrar todos mis juguetes.

Seguir las instrucciones nos mantiene seguros.

Estamos a la feria.
Mamá nos dice a
mantenernos juntos.

COTTON CANDY
CORN DOGS
NACHOS
POPCORN
CHURROS
TICKETS
Jungle of Fun
25¢

Nos agarramos de
la mano.
Encontramos camino
por la muchedumbre.

Peter se cae en el patio de recreo.
Una maestra nos dice a alejarnos.
Lo hacemos.

¡Peter recibe ayuda!

Palabras clave

muchedumbre

fila

Índice